Habitar el mundo

Una invitación a la estética de lo cotidiano

Primera edición: 2026

Ediciones Universidad de Navarra, S.A. (EUNSA)

Campus Universitario / Universidad de Navarra /
31009 Pamplona / España

+34 948 25 68 50 / www.eunsa.es / eunsa@eunsa.es

ISBN: 978-84-313-4123-7
DL NA 500-2026

Printed in Podiprint – Impreso en Podiprint

Printed in Spain – Impreso en España

Ilustración de la portada: Bea Crespo

Diseño editorial y maquetación: Jokin Pagola

Esta publicación forma parte del proyecto PID2023-153253NA-I00,

financiado por MCIN/AEI/10.13039/501100011033 y por FEDER, UE temas de **nuestro tiempo**

HABITAR EL MUNDO

Una invitación a la estética de lo cotidiano

Raquel Cascales

EUNSA

A Yuriko Saito,
con admiración y agradecimiento.

A mi padre,
que me enseñó a habitar.

ÍNDICE

0
La estética no es cosmética
Pág. 11

1
El jardín secreto: encontrar belleza en lo cotidiano
Pág. 23

2
El vestíbulo: la hospitalidad comienza en el marco de la puerta
Pág. 37

3
La cocina: todos configuramos el mundo
Pág. 47

4
El salón: la vida de los objetos
Pág. 59

5
El baño: la apuesta por una estética encarnada
Pág. 71

6
El dormitorio: una estética del cuidado
Pág. 81

Bibliografía
Pág. 97

La estética no es cosmética

Desde hace décadas, asistimos a una progresiva estetización de la vida cotidiana. Las redes sociales han alimentado esta tendencia. Es más, la han consolidado, imponiendo una cierta concepción de belleza que ha cristalizado en lo que hoy conocemos como *aesthetic*. Este término no es sino una reducción de la estética a la cosmética: un marcador de lo fotogénico, de aquello que puede ser instantáneamente capturado y rápidamente consumido.

Autores impresionistas como Monet, que en su tiempo fueron rechazados por considerar que su obra era una afrenta a la belleza artística, en nuestros días se valoran precisamente por su estilo bello y apacible. Hoy, quedan pocos restos de la violencia vanguardista, el feísmo deliberado o las propuestas provocativas: el mundo del arte es más complaciente que nunca. Aquello que en su momento cuestionó el sistema de las bellas artes hoy adorna salas y salones. Si en los años sesenta se perseguía a los grafiteros por vandalismo, hoy se contratan para embellecer las puertas de los comercios, y los antisistemas promocionan marcas de lujo.

Esta dinámica ha sido objeto de crítica por pensadores como Gilles Lipovetsky, que describe la «estetización generalizada» como una nueva fase del capitalismo cultural, donde el valor de lo sensible se trivializa en favor del placer inmediato y el consumo constante. O como Byung-Chul Han, quien advierte que la cultura de la inmediatez, la transparencia y el espectáculo suprimen toda forma de negatividad necesaria para una experiencia estética auténtica: la espera, el dolor, la resistencia, el silencio.

Hay que tener cuidado de no confundir la belleza con lo *bonito*. La estética que se queda en la superficie, que se reduce a apariencia, puede atraernos, pero también dejarnos vacíos. Oscar Wilde ya puso de manifiesto el peligro de no entender que fondo y forma deben ir a la par. Sin embargo, poco hemos adelantado desde entonces, pues en una sociedad en la que aparentemente se apuesta tanto por la estética, no tenemos recursos para juzgar estéticamente. Esta falta de recursos se debe a que la estética, como disciplina filosófica, se ha centrado durante siglos en el arte, dejando de lado la dimensión estética que tiene toda nuestra vida cotidiana.

A lo largo del siglo XX existieron distintos artistas y pensadores que trataron de romper con la separación entre el arte y la vida que se había fraguado durante siglos. Artistas de la vanguardia como Duchamp, del movimiento Fluxus como John Cage o Joseph Beuys, del mundo de la *performance*, desde Isidoro Valcárcel Medina a Marina Abramović, buscaron derribar los muros entre lo artístico y el ámbito de lo común.

También la teoría intentó ampliar esa mirada. Filósofos como John Dewey o Arthur Danto reclamaron una ampliación del concepto de *arte* para poder explicar los cambios que sucedían en la práctica artística. Sin embargo, pese a sus empeños, no consiguieron dar cuenta, por ejemplo, de cómo el diseño puede ser valioso sin ser arte. Ahí es donde destacan dos pensadores menos conocidos pero muy valiosos, Gillo Dorfles y Vilém Flusser. Ellos se atrevieron a pensar en serio lo cotidiano, sin estilizarlo (*styling*), como era tan propio en aquella época: sobre el mobiliario, los objetos de diseño o las formas simbólicas de las cosas y los gestos.

Sin embargo, su trabajo no fue muy escuchado en los círculos académicos de la filosofía. ¿Por qué? Porque todavía se consideraba que lo cotidiano, lo útil, lo doméstico, no era digno de reflexión estética. Como dijo el filósofo Jacques Rancière, lo que se considera importante en estética depende de una «distribución de lo sensible»: una especie de filtro cultural que decide qué cosas merecen atención... y cuáles se ignoran.

Aunque hubo algunos arquitectos que se preocuparon por analizar esta realidad, hubo que esperar a finales de los noventa y principios de los dos mil para que empezara a haber una masa crítica de filósofos que abordaran de forma más sistemática la estética de la vida. La corriente de *Everyday Aesthetics* o, en castellano, «estética de lo cotidiano», comenzó en Estados Unidos, pero no tardó en cruzar el charco y encontrar seguidores en el continente europeo. Desde aquellos años hubo pensadores que profundizaron en la importancia de acercarse estéticamente a lo cotidiano, pero fue en 2007 cuando se asentaron las bases de la subdisciplina con la publicación del libro de Yuriko Saito que le dio nombre: *Everyday Aesthetics*. Sus planteamientos sorprendieron por su lucidez y solidez. Sin buscarlo, asestaban un golpe a la tradición moderna al poner en evidencia el proyecto que, si bien había dado inicio a la estética, la había ceñido solo a algunas de sus manifestaciones más llamativas, dejando de lado lo cotidiano. Lo que destacaba esta corriente no era la necesidad de ampliar el concepto de arte para incluir más expresiones, más lenguajes, más formas, sino la importancia de comprender que había que salir del esquema centrado solo en el arte para redescubrir la dimensión estética que tienen los espacios que habitamos, los objetos que usamos, las formas que imprimimos a las cosas con nuestras acciones o las decisiones que tomamos a lo largo del día.

Estas propuestas, además de tener una dimensión de originalidad, también permitían integrar cuestiones que habían quedado sepultadas a lo largo de la historia. Por un lado, sus tesis entraban en conexión con los orígenes del pensamiento estético: la *kalokagathía* griega, la unión de lo bello y lo bueno. Por otro lado, también enlazaban con el proyecto del filósofo Baumgarten de fundar una ciencia del conocimiento sensible. Además, el hecho de poner de manifiesto la importancia de ver la dimensión activa y práctica de la estética entroncaba con toda la tradición pragmatista y experiencial defendida por autores como John Dewey. Con ello, conectaba con tradiciones filosóficas europeas, a la vez que aunaba las sensibilidades orientales con las occidentales. Asimismo, permitía que la estética dialogara con otras disciplinas como la ética y la política, no solo sin perder su autonomía, sino ganando en autoridad. Pero, sin duda, lo más importante era que, sin derribar muros de forma violenta, mostraba una puerta olvidada que nos permitía volver a salir al jardín, respirar aire puro y recuperar la apreciación por la vida cotidiana.

Puesto que a lo largo de este ensayo acudiremos reiteradamente al pensamiento de Yuriko Saito, creo que merece la pena presentar algunas notas biográficas que, a su vez, nos permitirán comprender mejor su filosofía. Yuriko Saito nació en 1953 en Sapporo, en el extremo norte de Japón, en un entorno natural de gran belleza. Sapporo, una ciudad rodeada de montañas, parques y marcada por inviernos nevados, dejó una huella profunda en su sensibilidad, que más tarde se reflejaría en su filosofía. Tras completar sus estudios universitarios en Japón, se trasladó a Estados Unidos, donde obtuvo el doctorado en Filosofía por la Universidad de Wisconsin-Madison en 1983 con una tesis dedicada a la apreciación estética de la naturaleza. Esa investigación anunciaba ya lo que sería el núcleo de su obra: integrar distintas tradiciones estéticas, reflexionar sobre la experiencia directa de la realidad y subrayar las implicaciones éticas de nuestra forma de mirar.

Saito se trasladó después a la Rhode Island School of Design (RISD), una de las instituciones más prestigiosas del mundo en el ámbito del diseño y las artes aplicadas, donde ha sido profesora durante varias décadas. Esta experiencia docente reforzó su convicción de que el diseño es una forma esencial de configurar nuestro entorno y que posee una profunda dimensión estética y ética. Ha publicado diversos libros, que a día de hoy son traduci-

«La estética se
encuentra en todo
y, a su vez, todos
configuramos el mundo
a través de nuestras
decisiones y acciones
estéticas»

dos y estudiados de Oriente a Occidente. Además, ha abierto la puerta a otros muchos intelectuales para repensar la disciplina de la estética, rescatando autores y planteamientos que se habían quedado en los márgenes de la historia.

Su trabajo nos ha influido a muchos, no solo en la dimensión intelectual sino, todavía más importante, en la existencial: qué y cómo miramos, cómo juzgamos la realidad, cómo damos forma, con nuestras acciones y decisiones, a nuestra existencia. Es decir, nos ha llevado a darnos cuenta de que podemos habitar el mundo de forma distinta.

Por eso este libro es una invitación a entrar y recorrer una casa sencilla: la casa de la estética de lo cotidiano. El recorrido del libro es progresivo, pero no lineal ni compartimentado: en cada capítulo se entrelazan tres planos de lectura. En primer lugar, la estructura arquitectónica funciona como una metáfora que organiza los principales temas de la estética de lo cotidiano. Al mismo tiempo, en cada capítulo se encontrarán referencias clave de la historia de la estética que permiten situar y comprender mejor el aporte de Yuriko Saito a la disciplina, sin pretender agotar los temas. Finalmente, cada capítulo también supone una invitación al lector para que vaya más allá y se detenga a pensar cómo habita estéticamente el mundo que le rodea.

La metáfora arquitectónica está pensada tanto para tratar de aterrizar el pensamiento en un entorno cercano como para subrayar la idea de que la disciplina estética vuelve en cierto sentido a sus orígenes, pues la casa, como diría Rafael Alvira, es «el lugar al que se vuelve». El recorrido empieza en el jardín, en la mirada a la belleza de la naturaleza que tanta admiración ha despertado durante milenios.

Una vez atravesado el jardín y la puerta de entrada, cada habitación nos ofrecerá una perspectiva distinta de lo que significa habitar con sensibilidad estética. El vestíbulo nos permitirá atisbar el poder que tiene dejar de vivir en piloto automático y empezar a descubrir cómo nos influye la dimensión estética de la realidad en todos los órdenes de nuestra vida. El paso por la cocina ayudará a comprender cómo, en estética, no todo es cuestión de gustos, pero que tampoco hace falta ser un artista para configurar el espacio con nuestras acciones. En el salón, observaremos los objetos cotidianos, no como quien mira obras de arte, sino como quien está comprometido con la dimensión material de nuestro habitar. El baño nos hablará de la importancia del cuerpo, así como de la necesidad de entender cómo la belleza permite establecer una manera distinta de relacionamos unos con otros. Por último, el dormitorio será el lugar en el que culminemos la visita al profundizar en el papel del cuidado como la actitud fundamental para poder atender, interactuar y conservar lo que nos es dado.

En definitiva, este recorrido aspira a ser, para el lector, una invitación a tomar conciencia de que la estética se encuentra en todo y de que, a su vez, todos configuramos el mundo a través de nuestras decisiones y acciones estéticas. Porque de la manera en la que comprendemos la estética depende la manera en la que habitamos el mundo.

1

El jardín secreto: encontrar belleza en lo cotidiano

Una fortaleza infranqueable se levanta ante nuestros ojos. Los muros son intelectualmente grandiosos y están engalanados con grandes obras pictóricas. Es el edificio que los filósofos modernos construyeron para la estética. Pero tanta sublimidad cerró las puertas a la reflexión sobre el papel de la percepción de los sentidos en la vida exterior a esos muros y cegó la vista para reflexionar sobre cómo apreciamos lo que tenemos a nuestro alrededor. Así que nos levantamos de los sillones de terciopelo y descendemos de las torres de marfil para bajar al jardín y descubrir cómo en el espacio de lo común se ocultan formas de belleza capaces de transformar la existencia. Como se aconseja en *Alicia en el país de las maravillas*, empecemos por el inicio: ¿En qué radica nuestra concepción de lo que es estético?, o ¿por qué pensamos que solo algunas cosas son bellas y otras no?

LA APRECIACIÓN DE LA NATURALEZA

Desde los inicios de su carrera académica, Yuriko Saito se interesó por una decidida ampliación del territorio estético que fuera más allá de las obras de arte y del criterio artístico como único estándar evaluativo. Por ello, dedicó su tesis doctoral a analizar la apreciación de la naturaleza. Es cierto que en las distintas culturas existen distintos tipos de creaciones artísticas y diferentes estándares de belleza. Sin embargo, cabe preguntarse, ¿captamos todos la naturaleza de la misma manera?

Todos los filósofos hemos estudiado en algún momento que la belleza es una propiedad de la realidad. Lo que ocurre con esta descripción tan general es que, sin dejar de ser cierta, se queda corta. Es decir, que para percibir eso que denominamos como belleza no basta abrir los ojos (ni tampoco estudiar largos tratados).

Para comprender cómo se da la apreciación, puede hablarse de un triple movimiento: el del objeto que aparece, el del sujeto que se dispone a recibir y el del mundo como horizonte de sentido, donde acontece la relación entre ambos. Ninguno de estos tres elementos se da por separado o en el vacío y, por ello, la tradición cultural influye (nunca determina) la manera de entender o apreciar la belleza, sea esta natural o creada por mano humana.

La estética moderna ha influido en que apreciemos más el arte que la naturaleza. A su vez, la tradición occidental, desde la Modernidad, ha desacralizado la naturaleza de modo que se aprecie más como una fuente de recursos o de ocio que como un regalo que cuidar. Aunque en muchos lugares de Occidente se sigue viviendo en espacios rurales y en contacto con la naturaleza, en líneas generales el acercamiento a ella es el de observador externo; el del que sobre todo aprecia lo grandioso, sublime o espectacular. Por su parte, como señaló Saito en su trabajo doctoral, la tradición oriental (ella se centró en la japonesa) no contempla una separación de la persona con la naturaleza, porque se concibe parte de ella. Además, en lugar de la exaltación de lo extraordinario, cultiva una atención al detalle, a lo frágil, a lo pasajero, que conduce a desarrollar una actitud hacia ella diferente, más centrada en el cuidado.

No se trata aquí de comparar las perspectivas, sino de darnos cuenta de que hay elementos, que van más allá de nosotros, que influyen inconscientemente en nuestra manera de percibir la belleza, en nuestro modo de valorar aquello que es admirable, incluso en una dimensión que parece tan *natural*.

Esta comparación permite extraer varias lecciones. En primer lugar, que la percepción estética cambia porque se arraiga en la forma de habitar el mundo. Esa manera de habitar se ha ido forjando durante siglos, en gran parte de forma inconsciente. Así, por ejemplo, en Occidente tendemos a considerar la perspectiva lineal como la forma «natural» o correcta de representación artística. Sin embargo, muchas tradiciones —anteriores y posteriores al Renacimiento— han optado deliberadamente por no emplearla, a pesar de conocer la técnica, porque no consideran que su ilusionismo sea la forma más adecuada de representar la realidad.

Es muy interesante llegar a ser más conscientes de que son muchos los elementos externos que condicionan nuestra percepción intelectual y sensible sobre lo que es bello. Uno de los casos en los que se hace más evidente esta colonización de la mirada es la moda. Las modas conducen a considerar como más estéticas determinadas formas: ya sean los peinados franceses del siglo XVII o los vaqueros agujereados del XXI. Lo bello no es una construcción arbitraria ni un simple producto de la cultura, pero lo que se celebra o se imita, y lo que acaba gustando más, responde al modo en que cada sociedad ha desarrollado su mirada.

En segundo lugar hay que resaltar que, igual que es evidente que las modas nos influyen, también el lenguaje configura, en cierto sentido, la percepción que tenemos de la realidad. Cuando algo nos parece positivo en España, decimos «¡Qué bueno!», mientras que en Italia lo expresan exclamando «Che bello!» y, más sorprendentemente todavía, en Guatemala dicen «¡Qué alegre!». Aunque parezcan expresiones intercambiables, no tiene nada que ver categorizar en términos morales o estéticos. Esto pone a su vez de manifiesto la necesidad que tenemos de revisar nuestra manera de categorizar la realidad. Toda la realidad es estética, aunque eso no quiere decir que podamos etiquetarla meramente como *bella* o *fea*. Diversos autores han defendido la necesidad de ampliar el horizonte de categorías estéticas para incluir otros conceptos como cómodo/incómodo, agradable/hostil, ordenado/desordenado, limpio/sucio, etc., de modo que el lenguaje nos ayude a comprender mejor la realidad.

Hasta aquí se ha aludido a distintos elementos externos que condicionan la percepción de lo que tenemos ante nuestros ojos. Ahora bien, ¿hasta qué punto somos conscientes de cómo la forma estética de la realidad influye en nuestros juicios, decisiones y prácticas cotidianas? Muchas personas están formadas para apreciar estéticamente el arte, ya sea la pintura, la música, la poesía o el cine. Sin embargo, ¿cuántos estudios capacitan para poder apreciar lo cotidiano en tanto que cotidiano?

Esta es una de las principales cuestiones que están en el corazón de la estética de lo cotidiano. Si bien los diversos autores están de acuerdo en salir de la tendencia a contemplar solo el arte y la experiencia estética que se deriva de él, también plantean la dificultad de cómo apreciar lo cotidiano. Por una parte, el filósofo estadounidense Thomas Leddy defiende que solo podemos apreciar lo cotidiano cuando lo sacamos de su cotidianidad y lo observamos de forma extraordinaria. En cierto sentido, el movimiento implicaría que para experimentarlo estéticamente es inevitable «auratizarlo». Es decir, aislarlo, elevarlo y eliminar sus aspectos negativos, para contemplarlo como si se tratara de una obra de arte o algo extraordinario. Esta postura ha sido denominada como posición «débil», precisamente porque no se atreve a asumir lo cotidiano en su forma más auténtica: como lo común, lo familiar, incluso cuando resulta poco atractivo o incómodo.

Frente a esta corriente, otros pensadores como el finlandés Arto Haapala y Yuriko Saito adoptan una posición «fuerte»: proponen valorar lo cotidiano tal como es, sin idealizarlo ni disfrazarlo. En concreto, Saito rechaza la estetización —la «artificación», como ella lo denomina— y defiende la necesidad de aceptar lo cotidiano tal como es. Frente a los que consideran que solo es digno de una mirada estética lo extraordinario y positivo, ella remarca la importancia de entender que toda la realidad es estética: todo se presenta de una forma determinada, con una disposición espacial, unos colores, texturas, que influyen en nuestra manera de percibir el mundo. Pero, ¿podemos atender a esas realidades comunes y tan familiares manteniéndolas en su cotidianidad? Esa actitud se complica cuando implica aceptar lo monótono, lo anodino, lo aburrido o incluso lo hostil, que también forman parte de lo cotidiano. De hecho, de manera contraria a lo que habitualmente se cree, no es necesario que las experiencias estéticas sean siempre placenteras. También las experiencias negativas pueden tener una dimensión estética que influye y configura nuestra relación con el entorno.

TODA REALIDAD ES ESTÉTICA

En 2007, Yuriko Saito zarandeó al mundo académico con la publicación de *Everyday Aesthetics*. En este libro, lograba ampliar el campo de la estética más allá del arte, los artistas y la apreciación extraordinaria y pasiva, recuperando para esta disciplina filosófica el ámbito de la vida cotidiana. Lo excepcional eleva y, en ocasiones, permite ver de forma condensada cuestiones complejas de la realidad; pero ese mismo distanciamiento puede dificultar la apreciación de lo que tenemos cerca.

Precisamente por ello, la profesora japonesa defendía que lo estético no es un lujo ni un adorno, sino una dimensión fundamental de nuestra experiencia diaria, que influye en cómo habitamos el mundo, tomamos decisiones y nos relacionamos con los demás.

Aunque todos tenemos la capacidad de enumerar las cosas que nos *gustan* (nos parecen bellas, feas, apropiadas o cualquier otro calificativo), generalmente no sabemos justificar por qué nos gustan. Es más, creemos que el hecho de que las cosas *nos gusten* no requiere ningún tipo de justificación.

No obstante, el no ejercitarnos en pensar por qué algo nos gusta hace que seamos muy poco conscientes de cómo influyen los aspectos estéticos en nuestra toma de decisiones. Pongamos ejemplos para entenderlo mejor. La mayoría de las personas saben que el lenguaje corporal transmite cosas sobre nosotros que pueden corroborar o contradecir nuestras palabras. Quienes dominan el lenguaje de la expresión corporal suelen tener más posibilidades de conseguir un puesto en una entrevista o ganar un debate. Ese lenguaje corporal es pura estética, pues, como escribe Saito, «cualquier tipo de interacción humana directa y cara a cara (...) se experimenta siempre de manera perceptiva, mediada por la voz, la expresión facial y el movimiento corporal». Y la estética filosófica investiga todas esas realidades a las que tenemos acceso a través de los sentidos.

De la misma manera, cuando tenemos que hacer un trámite burocrático más o menos difícil (todos lo son) y hay varias ventanillas, solemos mirar y desear que nos toque una u otra persona. ¿Por qué, si no las conocemos de nada? Porque uno sonríe, otro tiene un tono de voz más grave, otra *parece* más ágil, o más simpática o más influenciable... Las posibilidades son múltiples. Las razones de ese juicio, sin embargo, se basan en cuestiones estéticas. ¿Y por qué decidimos ir por una calle y no por otra? Quizá porque es el trayecto más corto, pero quizá porque es la calle más fresca, con menos gente o tiene más escaparates. Claramente también puede haber razones de otra índole. La cuestión es darnos cuenta del enorme peso que pueden tener las razones estéticas.

Los expertos en *marketing* lo saben bien. Saben qué colores utilizar para atraer nuestra atención, qué música poner para que vayamos más o menos lentos, qué tipo de *packaging* usar para incrementar nuestra compra. El éxito de esas estrategias pone de manifiesto el poder de la estética, a la vez que su perversión. Es decir, si nos manipulan, es precisamente porque no sabemos cómo los elementos estéticos influyen en nuestra mirada, en nuestro juicio de la realidad y en la toma de nuestras decisiones. Como suelo decir a mis alumnos de diseño, no se trata de servirse de la estética como algo externo para vender un producto, sino de que toda la dimensión estética sea acorde a la función del objeto mismo, buscando hacer más amable la vida del usuario, como han defendido tantos diseñadores, desde Bruno Munari o Dieter Rams hasta Victor Papanek.

Lo que Saito propone no es embellecer lo cotidiano, ni que aprendamos estrategias sobre cómo presentarnos, sino reconocer la dimensión estética inherente a todo aquello que nos rodea y, con ello, reentrenar nuestra sensibilidad. Aprender a juzgar estéticamente no para distinguir lo bonito de lo feo, o para volver más *aesthetic* nuestra vida, sino para ver cómo la manera en la que se me presenta cualquier realidad (objeto, imagen, persona) influye en mi manera de juzgarla y de actuar respecto a ella.

LA DIMENSIÓN POLÍTICA

Si bien la dimensión estética influye en nuestros juicios, elecciones y acciones personales, ¿puede tener una dimensión política o social? Como señala la propia autora, los «aspectos aparentemente triviales, inocuos, ordinarios, mundanos o incluso frívolos de nuestra vida estética tienen consecuencias pragmáticas sorprendentemente serias: ambientales, morales, sociales, políticas y existenciales». Aunque esta cuestión era algo asumido en la Grecia clásica, así como en sociedades donde lo político, religioso y estético se daba unido, se fue perdiendo a medida que se separaban esas esferas.

En los capítulos dedicados a hablar de la estética de la naturaleza, Saito señala que, aunque los estudios demuestran que es necesario proteger por igual tanto los parajes naturales de los bosques como los de las ciénagas, siempre se apuesta por los bosques. También que, aunque sean tan importantes los osos como las abejas, se tiene mayor inclinación por los osos. No es que no podamos aducir argumentos a favor de unos u otros, sino que no nos damos cuenta de hasta qué punto la estética (el hecho de que nos parezcan más bonitos unos parajes o unas especies animales) está influyendo en la toma de decisiones a gran escala.

Quizá esto sea más evidente en los casos en los que sí se ha actuado de forma consciente. Es decir, cuando se ha utilizado la estética para imprimir una identidad nacional a la naturaleza. Ejemplos paradigmáticos son la Alemania nazi, donde el paisaje se configuró para reflejar la supuesta pureza racial mediante la eliminación de especies foráneas, o el Japón de la II Guerra Mundial, donde la simbología del cerezo se utilizó para promover el sacrificio patriótico. En Estados Unidos, la exaltación del paisaje indómito como símbolo contribuyó a la expulsión de comunidades indígenas en favor de parques naturales concebidos bajo criterios estéticos que ignoraban la ocupación previa.

En el caso de España, basta pensar que, hace cien años, la playa se veía como un lugar inhóspito que acababa con aquellos que no sabían nadar y las casas se construían alejadas de la costa para evitar su peligro. Nada más lejos de nuestra realidad actual. Nos demos cuenta o no, la decisión de cambiar la recalificación de los suelos rurales a urbanos, de permitir o no construir en primer línea de playa, de proteger o promover ciertos paisajes responde a cuestiones políticas (visibilidad del país, atracción del turismo), pero se basan consciente o inconscientemente en percepciones que tienen una carga estética muy grande.

Lo que ocurre con la naturaleza también sucede en la ciudad. La estética urbana, de la que habla Elisabetta di Stefano, estudia cómo la estética influye en la configuración de las ciudades y en la vida de sus habitantes. Las fachadas de los edificios, el número de árboles o quién despacha en los comercios nos ofrecen indicadores instantáneos sobre los cuales juzgamos y tomamos decisiones cotidianas (como entrar o no en una tienda) o de mayor envergadura (como comprarnos una casa determinada). Al mismo tiempo, la estética también influye en las relaciones sociales y personales, como expresa el diseñador Miguel Milá al hablar del mobiliario urbano: «Creo que individualizar un asiento en la calle no es útil. El ruido de la calle dificulta la conversación. No puedes acercar la silla a la persona con la que querrías hablar, porque está fijada al suelo». Elecciones tan pequeñas como estas, en las que se entretejen las intenciones políticas, afectan de forma decisiva a la construcción de una sociedad, como reclamó también Jane Jacobs.

Por tanto, del campo abierto a la ciudad, se ha podido ver cómo la estética, lejos de ser un lujo superficial, está presente en todas nuestras experiencias y condiciona silenciosamente nuestras percepciones, decisiones y formas de habitar el mundo. Tomar conciencia de ello no implica estetizar lo cotidiano, pero sí permite mirar de otra forma. Atender más a la dimensión estética puede ayudarnos en nuestra vida ordinaria, en la forma en la que trabajamos o nos relacionamos con los demás. Será lo que iremos desgranando a lo largo de los siguientes capítulos. Ahora cabe dejar atrás el jardín, recorrer el camino de los cerezos en flor, para llegar a la casa en la que nos esperan y adentrarnos en cómo la configuración de los espacios puede influir en nuestra manera de vivirlos y relacionarnos en ellos con otras personas.

2

El vestíbulo: la hospitalidad empieza en el marco de la puerta

Estamos frente a la casa. No hay puerta como tal, sino un espacio cubierto que parece abierto. Es el *genkan* japonés, ese lugar entre el dentro y el fuera. No es todavía la casa, pero tampoco es del todo la calle. Nos detenemos en el umbral, como ocurre al inicio de *Centauros del desierto* de John Ford, sabiendo la hostilidad que dejamos fuera y la hospitalidad que nos espera dentro. La configuración arquitectónica (y, por tanto, estética) de las casas se ha homogeneizado en el último siglo, pero lo que constituye un hogar no cambia.

A diferencia de otros seres vivos, el ser humano es el único que transforma el entorno no solo para adaptarse a él sino para hacerlo suyo, para convertirlo en hogar. Mientras que algunas especies, como las abejas, optimizan el espacio para cumplir una función concreta, el ser humano lo modifica también para que refleje sus deseos, sus historias, su identidad.

El espacio se vuelve significativo cuando lo hacemos nuestro, cuando en lugar de simplemente recorrerlo, lo habitamos. Los lugares no son solo estructuras arquitectónicas. Como señaló Gaston Bachelard en *La poética del espacio*, una casa habitada no es solo un conjunto de paredes, sino un lugar donde la memoria y la imaginación encuentran su cobijo, donde nuestro paso y nuestras vivencias dotan de significado al espacio. Esta perspectiva se amplía si la leemos junto al pensamiento de Gernot Böhme. El filósofo alemán va más allá al mostrarnos que el espacio no debe entenderse solo como una estructura física o un conjunto de objetos, sino como un generador de atmósferas, es decir, de cualidades sensibles que condicionan cómo nos sentimos y actuamos. Esas atmósferas no solo nos afectan, sino que también permiten que nos adentremos en la vida de los otros, compartiendo un clima sensible común.

Ahora bien, este aspecto atmosférico no debe llevarnos a pensar que es algo que, sin más, ocurre. Como también señala Michel de Certeau en *La invención de lo cotidiano*, son los pequeños gestos de todos los días, casi imperceptibles, los que transforman el espacio y lo personalizan: abrir las ventanas para airear, regar las plantas o tratar de no salpicar el espejo cuando nos lavamos los dientes contribuyen de forma directa a generar un tipo de atmósfera y a transformar el espacio físico en espacio vivido.

Cada país tiene su manera de crear atmósferas de intimidad, y lo hace, por supuesto, a través de elementos estéticos. En Japón, por ejemplo, la intimidad se cultiva desde la cercanía al suelo: se come en mesas bajas, se camina descalzo sobre el *tatami*, y los alimentos se preparan de modo que puedan tomarse con palillos, objetos ligeros e inofensivos. Todo en ese gesto cotidiano habla de contención, respeto y cuidado. Por su parte, los daneses han convertido su sensibilidad hacia la hospitalidad en estilo, caracterizado como *hygge*. Este concepto alude a una atmósfera deliberadamente acogedora, lograda mediante materiales naturales, formas suaves y luces tenues. El resultado es una estética minimalista y profundamente cálida, orientada a disfrutar del presente sin estridencias.

En España, aunque no tengamos una palabra concreta para ello, también sabemos reconocer ese tipo de atmósfera: en esa capacidad de acoger a cualquiera que llega de manera improvisada, en las sobremesas que se alargan hasta confundirse con la cena (ya sea alrededor de la mesa camilla o sacando las sillas *a la fresca*) o en la tradición de aperitivos, cafés y partidas de cartas, como una manera de disfrutar la vida que está llena de espacios compartidos.

A su vez, desde la estética cotidiana, habitar el espacio supone asumir el entorno como interlocutor y hacerlo de forma consciente, disfrutando de lo sencillo y lo cercano. El escritor Georges Perec se cuestiona en una de sus novelas: «¿Sabemos ver lo que es importante? ¿Hay algo que nos llame la atención?». Y advierte de que si nada nos llama es porque en realidad no sabemos mirar y, por tanto, hay que «obligarse a ver con más sencillez». Ver, mirar con detenimiento los elementos que nos rodean y generan las atmósferas, no para descubrir algo extraordinario en ellas, sino precisamente para caer en la cuenta de lo que está ante nuestros ojos y no vemos.

EL PODER DE LA ESTÉTICA

En el anterior capítulo hemos mostrado cómo toda realidad tiene una dimensión estética: el tono de una voz, el color de una pared, la forma de los utensilios, la textura de una tela. Esa forma configura nuestra apreciación y llega a modelar nuestras elecciones influyendo en el entorno, en los demás e incluso en nuestros propios hábitos. La cuestión que ve Saito es el poder que tiene la estética para mejorar el mundo. En este sentido, al restablecer el lazo entre estética y ética, Saito no solo ensancha el campo estético, sino que reconfigura sus fundamentos, sin perder su autonomía e independencia como disciplina.

Aunque la autora no se base en la tradición clásica para esta reivindicación, de hecho recupera el equilibrio griego en el que lo ético y lo estético se complementaban y reforzaban mutuamente, donde la belleza no era solo un atributo físico, sino una manifestación de la virtud. Esta integración se fue diluyendo con el tiempo, especialmente a partir de los filósofos ilustrados, con quienes lo estético se separó de lo moral. A día de hoy, resulta difícil encontrar una corriente ética en la que se hable de la dimensión estética de nuestras decisiones.

Atender a la dimensión estética de la ética no es hipermoralizar, sino que implica reparar en la forma en que saludamos, en la que abrimos o no una puerta, en la que dejamos sentarse a una persona mayor en el autobús; son actos que acogen y reflejan una actitud de cercanía, respeto o cuidado hacia el otro. Lo mismo vale con la disposición de los espacios. La calidez de una conversación depende, en parte, del entorno que la rodea y que somos capaces de propiciar: desde el tono de la voz hasta la orientación de los asientos.

A este respecto, estudios psicológicos y pedagógicos han demostrado que los colores de una habitación o el tipo de luz que tenga ayudan a generar un tipo de emociones u otras. Pueden desde reducir el miedo en una sala de espera de hospital hasta despertar o aminorar patologías tan distintas como el TDAH o la ansiedad. De la misma manera, tanto la sociología como el urbanismo señalan que el estado de un barrio influye en la percepción de seguridad, en el comportamiento vecinal y, en consecuencia, en el aumento o descenso de la criminalidad (un buen ejemplo de esta cuestión es el documental *Ellas en la ciudad*, de la arquitecta Reyes Gallegos). Un entorno que transmite abandono o deterioro tiende a reforzar dinámicas de desconfianza, vandalismo o violencia, mientras que un entorno cuidado puede fomentar vínculos comunitarios, apropiación del espacio y convivencia.

Precisamente porque la estética tiene una influencia en la conducta, también es cierto que puede volverse motor de cambio: nuestras elecciones estéticas pueden ayudarnos a adoptar prácticas más sostenibles, empáticas o justas. Por ejemplo, Saito se cuestiona de dónde viene el deseo de querer un blanco reluciente en la ropa, ya sea una camiseta o unas sábanas. Aunque pueda parecer una preferencia inofensiva, esa idea estética de blancura tiene consecuencias ecológicas graves, ya que, para lograrla, se usan detergentes con químicos dañinos para el medio ambiente, que quizá no sea necesario utilizar en nuestros lavados. El hecho de tomar conciencia de la causa de mis deseos, ¿puede llevarme a cambiar mi conducta? Otro caso es el de las plataformas de venta *online* que ofrecen ropa a precios desorbitadamente bajos. A menudo, quien compra solo pretende seguir las tendencias y estar a la última. Sin embargo, ¿no es razonable pensar que detrás de esos precios hay condiciones laborales injustas o explotación de personas? Y si lo sabemos, ¿no debería eso influir en nuestras decisiones de compra, de consumo o de uso?

Habitar con conciencia de la dimensión ética de nuestras acciones movidas por la estética nos lleva a profundizar en el sentido de lo que hacemos y de cómo lo hacemos. No se trata de embellecer la fachada del edificio mientras hay goteras en el interior, como ocurre en la película *La gran belleza*, de Sorrentino, sino de que haya una correspondencia entre el interior y el exterior. Es decir, que la preocupación por el estado de la escalera de vecinos o del paragüero de la entrada responda no a una obsesión por el orden, sino al deseo de generar espacios de convivencia y tener gestos que favorezcan el encuentro, el respeto y el cuidado mutuo.

La invitación que Saito hace es clara: estar atentos a la huella que dejamos en el mundo a través de nuestras elecciones cotidianas, desde cómo recibimos y despedimos a alguien hasta cómo llegamos nosotros. Esta es una convicción que ella misma vive, como descubrí cuando, al acabar el congreso al que la había invitado en Pamplona, me hizo unos pequeños obsequios. Era la invitada y, sin embargo, se había preocupado de traer aquellos detalles para agradecer la invitación. Aquella despedida mostraba no solo una manera de corresponder estéticamente, sino una forma de «hogarizar» el mundo. Lo interesante es que aquello no respondía solo a su forma de ser, sino que es algo que todos podemos hacer, como veremos a continuación.

3

La cocina: todos configuramos el mundo

Vamos directos al espacio que ha sido el núcleo de la vida familiar durante siglos, el verdadero corazón del hogar: la cocina. Mucho antes de que la arquitectura del siglo xx organizara los espacios según funciones precisas, las casas eran abiertas, multifuncionales. En el centro ardía la lumbre: alrededor del fuego se cocinaba, se comía, se conversaba y se entraba en calor.

Con el tiempo, la distribución de las viviendas cambió y la cocina se fue separando del resto, ganando autonomía funcional. Parte de esta transformación se debe a arquitectas como Margarete Schütte-Lihotzky, quien, en 1927, diseñó la llamada *Cocina de Frankfurt*: un espacio reducido, eficiente y pensado desde la lógica del cuerpo en movimiento. Fue un gesto radical, no solo por su innovación técnica, sino por su carga política. Por primera vez, alguien pensaba en la cocina como un lugar de trabajo digno y no como una dependencia invisible. Sin embargo, ni siquiera la sofisticación actual de los aparatos domésticos elimina el aspecto alquímico que la cocina tiene. Allí lo crudo se convierte en manjar, lo inerte pasa a dar vida, lo individual está al servicio de lo colectivo.

Entramos y nuestros sentidos se activan. No podemos evitar coger una pizca de eso que se está cocinando. Desde que nacemos, nuestra relación con el mundo empieza por la boca. No es casual que la lengua castellana use la misma raíz para «saborear» y para «saber». Tampoco lo es que la palabra *gusto* refleje una polivalencia. En primer lugar, designa una propiedad de las cosas, especialmente de los alimentos. En segundo lugar, el sentido físico que percibe sabores, a través de las papilas gustativas. Por último, el gusto también alude a la facultad de sentir o apreciar lo bello, al menos desde que se desarrolló así durante la Modernidad.

En esa continuidad entre sentido y conocimiento se apoyaron los filósofos modernos para hablar de gusto no solo como facultad sensorial, sino como capacidad de juicio. Tanto fue su éxito que toda la apreciación estética se acabó reduciendo a la cuestión del gusto individual e intelectual. Poco a poco lo intelectual se redujo a su vez a lo emocional y ha terminado por conducirnos hoy en día a juzgarlo todo a través de botones de *me gusta*.

CUESTIÓN DE GUSTOS

Para entender un poco más cómo hemos llegado hasta aquí hay que retroceder hasta el siglo XVIII. El primer filósofo que abre la puerta al gusto es el alemán Alexander Baumgarten, quien acuñó el término *estética* con el fin de reivindicar el valor del conocimiento sensible, distinto del racional. Mientras el conocimiento racional se entendía como universal y compartido, el sensible aportaba algo distinto: no solo hablaba algo del objeto, sino también del sujeto que lo percibía. Y eso, por aquel entonces, era inaudito.

Con todo, para el tema del gusto es aún más importante David Hume, responsable de una de las mayores paradojas estéticas. En su breve pero influyente ensayo *La norma del gusto*, de 1757, afirma, por un lado, que los juicios estéticos se basan en el gusto individual, es decir, en una experiencia subjetiva que no puede reducirse a reglas objetivas. Por otro lado, sostiene que existen ciertas obras, como las de Homero o Shakespeare, cuyo valor es reconocido universalmente, lo que sugiere que hay criterios compartidos, e incluso normas, para juzgar el gusto. La solución que propone Hume es que el gusto no es un instinto invariable, sino una capacidad que puede educarse y refinarse, del mismo modo que se educa el paladar. Ahora bien, si el gusto se puede cultivar, la pregunta crucial es cómo se hace, quién lo hace y desde qué criterios. En ello radica el problema que exploraremos a continuación.

Esta ambigüedad abre un camino hacia la visión de Kant, quien plantea que el juicio de gusto, aunque subjetivo, aspira a un consenso que no se impone como ley. Es decir, que la estética es el reino de la libertad donde mi juicio alcanza valor universal, pero sin someterse a leyes previas. Precisamente porque es libre, no está condicionado por intereses prácticos ni por deseos de posesión: es un placer *desinteresado*. Sin embargo, esta explicación sobre el desinterés estético pronto fue malinterpretada. Muchos autores entendieron que los juicios estéticos solo podrían aplicarse a realidades en las que no cupiera el interés. De ahí que los objetos decorativos o los utensilios de la vida cotidiana fueran expulsados del terreno estético. A su vez, se comprenderá que las obras de arte no pueden tener otro fin que el deleite personal, propiciando lo que luego se denominará «el arte por el arte».

Con todo ello, se asientan las bases de la estética moderna: lo estético se convierte en una cuestión que se irá poco a poco psicologizando y el *gusto* se transformará en algo absolutamente relativo al sujeto. Por último, la centralidad otorgada a la obra de arte favoreció la aparición de una figura singular: el genio artístico, entendido como alguien excepcionalmente dotado por la naturaleza, cuya capacidad creadora resulta realmente excepcional. Esta visión del genio tendrá como consecuencia la consideración de que solo ellos pueden hacer arte. A su vez, la identificación del arte con lo estético llevará consigo la reducción de que solo esos artistas-genios gozan de la sensibilidad para apreciar la belleza, mientras que los demás debemos conformarnos con deleitarnos con ellos.

ALFABETIZACIÓN ESTÉTICA

Tras la Ilustración, el giro romántico enfatizó el arte como una expresión individual que puede y debe educarse. Schiller, en sus *Cartas sobre la educación estética de la humanidad,* de 1794, vincula esta capacidad estética con el desarrollo moral y social. Sin embargo, esta educación pronto se convierte en una herramienta política: los museos ilustrados, concebidos para educar el gusto ciudadano, crean narrativas de identidad. Al mismo tiempo, establecen una jerarquía de valores artísticos muy estricta que solo atiende a lo extraordinario.

A lo largo del siglo XX muchos autores se enfrentaron a estas propuestas. Tanto los artistas vanguardistas como filósofos (por ejemplo, Theodor Adorno) denunciaron el elitismo en el que había caído la educación estética (donde solo ciertas obras, artistas o experiencias podían ser consideradas como estéticas y, por tanto, reservadas para aquellos que supieran apreciar «lo superior»). Esta perspectiva estética ha tenido como consecuencia una deformación de nuestra percepción, que nos ha hecho perder sensibilidad hacia las realidades cotidianas, como ha denunciado Fernando Infante. Frente a ello se necesita otro tipo de educación estética o, mejor dicho, comenzar con algo todavía más básico: una *alfabetización estética*, como la denomina Saito, que nos permita aprender la gramática de la realidad, los elementos más básicos a través de los cuales comenzar a descifrar desde el punto de vista estético el mundo que habitamos.

Es importante que nos ejercitemos estéticamente, pero no para volvernos unos pedantes elitistas, sino para comprender mejor la realidad y comprometernos con ella. Sin duda, el ámbito artístico puede ser un lugar donde desarrollar nuestros sentidos, nuestra atención y nuestra capacidad interpretativa, pero no para quedarnos ahí, sino para ser capaces de desarrollarlos en el día a día, como apunta Tomás Sánchez Santiago en *La belleza de lo pequeño*:

> En casa no hay animales y estoy solo. Pero viene una compañía inesperada de los aparatos elec-

> trodomésticos: el abejeo de la lavadora, que han dejado encendida; el sorbo del congelador; el bufido del ascensor, largo e inquietante como las bocinas destempladas de los trenes. Estas infiltraciones, que a veces me acosan, hoy vienen a buscarme, a tenderme una música que las rescata del limbo blanco en que persistían.

En estas líneas no solo detectamos a alguien que ha sabido interpretar una gran sinfonía, sino escuchar *de otro modo* el mundo. Así se vive una transformación que pasa de sentirse acosado por los ruidos a ser capaz de percibir la realidad tal y como es, como sugería el artista John Cage. Esto implica una transformación del oído, que va más allá del sentido melódico, para acoger la vida como es. A su vez, esto tiene como consecuencia que ya no se trata de una realidad que se quiera eliminar, sino de reconocer una realidad con la que me estoy relacionando y que puedo aceptar, acoger e incluso amar.

TODOS SOMOS CREADORES

Le realidad se acoge pero, al mismo tiempo, con nuestras acciones todos contribuimos a configurar el mundo. En su segundo libro, *Aesthetics of the Familiar* (2017), Yuriko Saito desarrolla el modo en que nuestras decisiones estéticas cotidianas constituyen el mundo activamente. La expresión que utiliza es *world-making* (creando mundo). Implica que todos participamos, de forma continua, en la creación de un entorno habitable. La estética se descubre como fuerza configuradora, una práctica que no solo interpreta el entorno, sino que lo transforma.

Esta perspectiva rompe con la concepción del artista romántico como genio que acabamos de ver y reivindica que la creación es una capacidad fundamental que todos los humanos compartimos. No hace falta tener dotes especiales ni una sensibilidad excepcional: todos estamos constantemente configurando el mundo a través de nuestras decisiones cotidianas. La cocina, en este sentido, es un buen ejemplo: no hay nada artístico en batir huevos o cortar verduras, pero sí hay un acto de configuración de mundo, que tiene tanto un impacto individual como en el tipo de relaciones que genera el hecho de sentarse con otros a comerlas. Por ello, no se trata solo de admirar el resultado final de una acción, sino de participar activamente en el proceso, entendiendo que el acto mismo de hacer ya configura el entorno.

Saito va más allá de la tesis de Joseph Beuys de que «todos somos artistas» para subrayar que todos somos *world-makers*, una noción mucho más inclusiva y cercana a la experiencia cotidiana. A este res-

«Tampoco basta con ser espectadores pasivos. Se trata de ampliar el recetario, desconectar el piloto automático y pensar de qué manera mis actos están configurando mi entorno y, con ello, también mi propia vida» pecto es paradigmático el trabajo de la artista conceptual y *performer* Mierle Laderman Ukeles.

Al convertirse en madre, esta artista estadounidense vivió con intensidad el conflicto entre su actividad creativa y las tareas cotidianas del cuidado y el trabajo doméstico, tradicionalmente asociadas a lo femenino. Como respuesta, en 1969 escribió su *Manifesto for Maintenance Art*, donde reivindica estas labores cotidianas (limpiar, ordenar, cuidar) como actos artísticos en sí mismos y elimina la jerarquía que separa arte y vida, producción e infraestructura, esfera pública y privada. Ukeles distingue entre el *development art*, vinculado a la innovación y la creación visible, y el *maintenance art*, centrado en el cuidado y la conservación de lo que sostiene la vida diaria, a menudo despreciado en el mundo del arte. Para ella, ambas dimensiones son necesarias, como resume en su célebre pregunta: «Después de la revolución, ¿quién recoge la basura el lunes por la mañana?». El manifiesto no se quedó en el papel: Ukeles lo convirtió en guía para su práctica, realizando *performances* que desafiaban la separación entre artista y trabajadora, y cuestionaban el valor atribuido al trabajo cotidiano.

Estas reflexiones muestran, en primer lugar, que no solo disfrutamos estéticamente de forma pasiva, sino que ponemos hacerlo también de manera activa, como dice la propia Yuriko Saito:

> Puedo ser alguien que admira el bonito jardín de su vecino o puedo ser quien disfruta plantando flores y cuidándolas; puedo apreciar la frescura y suavidad de una camisa lavada y planchada por otra persona o puedo involucrarme estéticamente colgando la colada al aire libre, aprovechando un día soleado y con brisa; puedo disfrutar de la superficie brillante del pomo de una puerta restaurado por un manitas o puedo convertir en mi pasatiempo dominical restaurar muebles antiguos.

Por tanto, este paso por la cocina ha permitido ver que la estética no se reduce al gusto subjetivo, ni al arte ni a los artistas. Tampoco basta con ser espectadores pasivos. Se trata de ampliar el recetario, desconectar el piloto automático y pensar de qué manera mis actos están configurando mi entorno y, con ello, también mi propia vida. Pasemos ahora al salón para analizar a través de qué elementos llevamos a cabo esa transformación.

4

El salón: la vida de los objetos

De vuelta de la cocina, nos sentamos en el salón. Echamos una ojeada alrededor para ver qué fotografías cuelgan en las paredes y qué libros se recuestan en las estanterías. Nos levantamos para coger varios objetos que decoran la mesa principal: un pequeño jarrón de porcelana encima de un tapete de ganchillo, un cenicero de barro hecho en alguna guardería y algunas figuras de cristal de Murano. Pero, ¿qué tipo de atmósfera crean estos elementos? ¿Siguen presentes en los hogares actuales, o han sido desplazados por nuevas formas de habitar, así como nuevos muebles comprados en Ikea?

El salón ha sido, durante décadas, una habitación para estar, pero también para mostrar. El lugar donde lo familiar se abre. Donde se guarda lo que se quiere conservar, y se expone lo que se quiere compartir. No es casual que esta palabra, salón, tenga también otra historia, más institucional, que ha marcado profundamente nuestra forma de pensar lo estético. Los «salones» destinados al arte comenzaron en el siglo XVII en Francia. Allí se reunían los estetas y, cada vez más, los ciudadanos convertidos en público, para poder contemplar y juzgar las obras de arte.

LA INVENCIÓN DE LAS BELLAS ARTES

En la Antigüedad y la Edad Media la conexión entre lo bello y lo útil se mantuvo de manera natural, ya que no existía una distinción entre arte y artesanía. Por ello, en general, no había muchos espacios dedicados al arte. En las catedrales góticas, por ejemplo, los retablos, los objetos litúrgicos, los manuscritos iluminados o incluso los utensilios cotidianos se concebían desde una perspectiva integrada, donde lo funcional y lo estético formaban una unidad.

Sin embargo, el surgimiento del concepto de arte generado en el Renacimiento trajo consigo una separación radical entre lo intelectual (donde a partir de entonces se enmarcará el arte) y lo manual (dedicado a la artesanía), que ha tenido más repercusión en nuestra vida de la que pueda parecer a simple vista. Fue Charles Batteux quien, en 1746, al mismo tiempo que los filósofos ilustrados creaban la estética, consolidó una nueva manera de denominar a las disciplinas que daban lugar a estas singulares piezas que destacaban por encima de los elementos útiles: las Bellas Artes.

Lo que unía a las Bellas Artes (pintura, escultura, poesía, música y danza) ya no era su función religiosa o política, sino otras dos cualidades: la capacidad de imitar la realidad (tal y como se había desarrollado con la perspectiva renacentista) y la de agradar y deleitar el gusto (tal y como también habían sentenciado los filósofos, especialmente Hume y Kant). La belleza, entendida de esta forma reducida, se consolidaba como criterio común de las artes. Por ello, se comenzaron también a reservar espacios especiales en los que se pudiera apreciar de forma adecuada, como las salas del palacio de Louvre, o a construir museos, galerías, teatros o salas de conciertos. El que entrara en estos nuevos santuarios se convertiría en un espectador pasivo destinado a deleitarse hasta el desmayo, como le ocurrió al escritor francés Stendhal, aunque solo fuera por un rato.

A su vez, a partir de la segunda mitad del siglo XIX, con lo dicho por Hegel en sus *Lecciones sobre estética*, se otorga un lugar privilegiado a la belleza artística por encima de la belleza natural, argumentando que el arte expresa la libertad humana y, por tanto, supera a toda belleza natural. El arte, como manifestación de la libertad creadora de los humanos, se convierte para los románticos en una nueva religión a la que rendir pleitesía. A partir de este momento, el estudio de las obras artísticas será una tarea reservada fundamentalmente a los historiadores del arte, y los objetos útiles quedarán al margen de toda reflexión, negando la experiencia estética que pueden producir en el día a día. Todo aquello que tenía que ver con el embellecimiento de lo ordinario pasaba a ser comprendido como decoración, y la decoración como una categoría estética menor.

LA RECUPERACIÓN DEL MUNDO MATERIAL

A su vez, la revolución industrial planteó un desafío inédito: el de definir la dignidad estética de lo útil en un mundo de producción en masa. El movimiento *Arts and Crafts*, nacido también en el siglo XIX bajo el impulso de William Morris, fue una de las primeras respuestas. Morris reivindicó el valor de lo hecho a mano y la integración de la belleza en los objetos de uso cotidiano, aunque su propuesta, por sus costes y complejidad, terminó limitada a círculos más elitistas.

A principios del siglo XX, se da al mismo tiempo en Oriente y en Occidente una preocupación por lo artesanal y lo bello en lo cotidiano. Soetsu Yanagi en Japón fundó el movimiento *Mingei* (arte popular). Inspirado en el budismo y en la estética del *wabi-sabi* (que celebra lo sencillo e imperfecto), Yanagi defendió que la verdadera belleza surgía del respeto por el material, de la funcionalidad y de la relación armoniosa con la naturaleza. A la vez, en Alemania, Walter Gropius abrió la Bauhaus. Esta escuela de diseño supuso un giro decisivo al aceptar los retos de la industrialización, tratando de superar la separación entre arte y artesanía mediante una formación integral que uniera arquitectura, diseño y arte aplicado. Su idea de obra de arte total planteaba que todos los objetos, desde un edificio hasta un bolígrafo, debían unir belleza, funcionalidad y accesibilidad. Las sillas de Marcel Breuer, las mesas de Josef Albers, la tetera de Marianne Brandt o los juegos de construcción para niños de Alma Siedhoff-Buscher permitieron que el diseño dejara de ser un lujo para convertirse en una herramienta de transformación social, que comenzaba en el hogar.

Sin embargo, en las décadas posteriores, el panorama cambió. La deslocalización de la producción, primero hacia Estados Unidos con su industria de consumo masivo y, después, hacia países como China en busca de costes más bajos, convirtió el diseño de objetos en una cuestión de producción acelerada y orientada al beneficio. Los ideales de artesanía, belleza y funcionalidad fueron sustituidos por una lógica de obsolescencia programada, en la que los objetos están pensados para ser reemplazados. Esto no solo ha tenido un impacto devastador en el medio ambiente, sino que también ha contribuido a transformar nuestra manera de estar en el mundo: nos hemos convertido en consumidores de lo efímero, en lugar de creadores o cuidadores de lo importante. Vivimos rodeados de cosas que pasan sin dejar huella, objetos pensados para un ciclo fugaz que nos privan de la posibilidad de establecer un vínculo profundo con lo que nos rodea, lo que afecta a nuestra relación con las personas. Sin embargo, ¿cabe otra forma de relacionarse y de vivir?

LAS COSAS DE LA VIDA Y LA VIDA DE LAS COSAS

Georges Perec saltó a la fama en 1965 con la novela *Las cosas*. La obra comienza con una larga sección de los objetos (bellos y caros) que se almacenan en un apartamento parisino. A través de la narración se entrevé el imaginario burgués que define el horizonte vital de los protagonistas: una vida moldeada por el deseo de tener cosas.

Como se muestra en ese texto, las cosas que poseemos manifiestan el estatus social que tenemos o quisiéramos tener. Pero la relación con los objetos va mucho más allá. Los humanos no somos urracas que almacenan; nos apropiamos simbólicamente de la realidad y transformamos lo que somos a través de esa posesión. En este sentido, las cosas pueden ser entendidas, en primer lugar, como una extensión de nuestro propio cuerpo. Marsall McLuhan hablaba de los objetos que usamos como una prolongación corporal, ya sea en forma de bicicleta o de teléfono móvil.

A su vez, también son una inserción en la historia. La relación con los objetos hace que entremos en conexión con toda la serie de personas y acontecimientos que han tenido lugar para que ese elemento esté en nuestras manos. El artista catalán Antoni Tàpies describe una sencilla silla invitándonos a pensar en su origen:

> Las manos y los sudores cortando la madera que un día fue árbol robusto, lleno de energía [...]. Hasta la silla más vieja lleva la fuerza inicial de aquellas savias que ascendían de la tierra, allí en los bosques, y que aún servirán para calentar el día en que, astillada ya, arda en algún hogar.

¿Cuántas veces pienso en todo lo que ha tenido que ocurrir y la cantidad de inventos que han tenido que desarrollarse para llegar a fabricar el ordenador con el que escribo? Y, a su vez, ¿qué pasaría si nos detuviéramos más a valorar el trabajo que hay detrás de todo, incluso de lo que no se percibe, como la maquetación del libro que estás leyendo?

Los objetos, por tanto, generan puentes entre generaciones y conectan historias individuales y colectivas, como describe en *La vida de las cosas* Remo Bodei. Por ello, también es interesante pensar cómo la forma en la que el objeto llega a nosotros configura su significado. Es decir, no se establece la misma relación con un objeto encontrado por la calle que con uno comprado, o que con otros que han llegado en forma de regalo o de herencia.

Ciertamente, los objetos no son meras herramientas inertes, sino entidades con las que establecemos relaciones: guardan memoria, afectan y son afectados, se integran en la trama de nuestra vida cotidiana. Por ejemplo, un objeto mal diseñado puede generar frustración, mientras que uno bien concebido fomenta el bienestar y facilita nuestra vida diaria, como explica el teórico y padre del Diseño de Servicios Donald Norman. Algo tan simple como el diseño de una silla puede cambiar nuestra forma de vivir, como también apunta Saito: su forma, su altura, el ángulo del respaldo, la textura del material, el sonido que hace al moverse o su simple presencia en un espacio modifican profundamente la manera en que nos sentamos, conversamos, trabajamos o descansamos. Una silla puede invitar a la calma o producir incomodidad al cuerpo; puede favorecer la intimidad o marcar una distancia jerárquica con los demás.

Por tanto, reconocer esa dimensión emocional que provocan los objetos nos permite entender por qué algunos objetos adquieren un valor especial en nuestra vida cotidiana y se convierten, como dice Marta D. Riezu, en «compañeros leales» que nos asisten toda una vida, aunque solo sea estacionalmente: la bandeja de Navidad, la mesa de la terraza o la chaqueta de entretiempo. La muerte no acaba con ellos: queremos que la mecedora de la abuela se quede en nuestro salón porque es una manera de que la persona siga con nosotros.

El valor simbólico ayuda a comprender el cambio de estatus que sufren continuamente los objetos de diseño cotidianos. Pero ese cambio no radica solo en volverse más deseables socialmente, como señala Deyan Sudjic, sino en volverse más personales. El reconocimiento del valor, tal como defiende Saito, lleva consigo una mayor inclinación a repararlos y cuidarlos, transformando así nuestra relación con lo cotidiano en un acto de responsabilidad estética y ética.

Cada vez es más conocida y admirada la tradición japonesa del *kintsugi*, en la que los objetos rotos no se tiran, sino que se reparan con polvo de oro para resaltar las fracturas. Esta técnica no solo devuelve la funcionalidad al objeto, sino que lo embellece, celebrando sus cicatrices como parte de su historia. Pero puede que no haya que irse tan lejos para encontrar esa misma lógica. En muchos hogares españoles era habitual ver platos o vasijas con pequeñas grapas metálicas incrustadas: eran las lañas, una técnica popular de reparación con alambre que cosía la cerámica rota como quien sutura una herida. No había oro ni ornamento, pero sí un profundo respeto por lo que se tenía. Hasta hace muy poco ha sido habitual limpiar los zapatos después de cada uso para que aguantaran más o llevar el reloj a reparar para no tener que comprar uno nuevo.

A pesar de la extensión de la cultura del «usar y tirar», hoy en día es cada vez más común encontrar personas que restauran los muebles antiguos del salón en lugar de comprar nuevos o que recuperan botijos heredados para reducir el uso de plásticos. También los hay que comparten viaje en coche, intercambian casas o que compran ropa de segunda mano en lugar de seguir el ritmo acelerado de la moda. Estas prácticas no responden únicamente a un deseo de sostenibilidad; expresan, además de un cuidado por la naturaleza, el anhelo de vivir de forma distinta en el mundo. Una forma que no mide el valor de los objetos o de las personas en términos de utilidad o rendimiento, sino que busca establecer relaciones más hondas y respetuosas.

Ahora bien, ¿es realista aspirar a vivir así hoy? Más que una utopía, es una tarea: la de cultivar unos gustos, una forma de actuar que tenga muy en cuenta que las pequeñas decisiones tienen grandes repercusiones, ya sea tanto a nivel externo como interno, como veremos a continuación.

5

El baño: la apuesta por una estética encarnada

Por muy abierta y acogedora que sea una casa, el baño siempre resulta la parte más delicada, razón por la cual uno siempre pide permiso para entrar. El baño es el refugio de la corporalidad. En el baño nos sometemos a un ritual de despojamiento, social y físico, para quedarnos tal y como somos. Nos desnudamos y el espejo nos devuelve nuestra imagen. Allí vemos el cuerpo y su fragilidad, allí limpiamos nuestras miserias y perfumamos nuestra vulnerabilidad. Por eso apunta Coccia en *Filosofía de la casa* que suele ser la única habitación con pestillo, para protegernos, incluso, de los nuestros. A diferencia de otros espacios domésticos, el baño nos enfrenta con nuestra corporalidad y nos invita a una relación directa con ella.

Quizá seamos más conscientes de lo que la estética influye en nuestra manera de juzgar los cuerpos que de otras dimensiones. Sin embargo, ¿sabemos realmente de dónde vienen los cánones que nos condicionan? Y más aún, ¿sabemos sacar partido al aspecto estético de nuestra corporalidad, no para ajustarnos a un ideal, sino para relacionarnos mejor con el mundo y con los otros?

LA IDEALIZACIÓN DEL CUERPO

Durante siglos, el cuerpo fue objeto de una profunda idealización que lo transformó en un modelo abstracto de perfección: un cuerpo reducido a representación, pulido y armonioso, celebrado principalmente en el ámbito artístico. Este canon clásico, heredado de la tradición griega y reavivado con vigor en el Renacimiento, impuso una estética centrada en la simetría, la proporción y la pureza formal, que ha condicionado de manera duradera nuestra idea de lo bello y lo deseable.

Hace un tiempo puede visitar en Venecia la exposición *Corpi Moderni*, donde esta construcción del cuerpo se mostraba en todo su poder y ambigüedad. Allí, entre dibujos anatómicos de Leonardo da Vinci como el espectacular *Hombre de Vitruvio*, esculturas y cuadros de maestros como Tiziano o Miguel Ángel, se hacía visible cómo el arte y la ciencia del Renacimiento colaboraron a forjar una nueva imagen del cuerpo: no ya velado por lo simbólico, sino desvelado, en un doble sentido. En primer lugar, en su sentido científico: a partir de entonces se abrirán los cuerpos y se diseccionarán para conocer todos sus secretos. En segundo lugar, su sentido literal: el cuerpo se muestra de forma cada vez más sensual y deseable. La forma idealizada y bella se carga de una tensión erótica contenida, que transforma la mirada del espectador y lo convierte en un sujeto deseante.

Pero esa visión de belleza corporal idealizada trajo consigo efectos no esperados. Por un lado, los cuerpos no normativos, frágiles, envejecidos o heridos fueron relegados a las sombras o la burla. Por otro lado, la insistencia en la perfección formal basada en el canon matemático llevó consigo que los artistas comenzaran a adaptar los cuerpos de sus pinturas o esculturas a formas geométricas perfectas para hacerlas más agradables a los ojos. También las personas fueron modificando sus cuerpos con el mismo fin. A partir de entonces, se popularizó el uso de maquillajes, corsés o tacones que continúa hasta nuestros días. Los medios han podido cambiar, pero, el ideal sigue siendo el mismo.

Esta idealización del cuerpo ha generado una creciente distancia respecto de nuestros propios cuerpos reales. Al convertirlo en imagen, modelo o proyecto a optimizar, el cuerpo deja de ser vivido como lugar de sentido para convertirse en objeto de intervención constante. De ahí surgen prácticas, como dietas extremas, entrenamientos extenuantes o cirugías estéticas, que con frecuencia revelan una relación instrumental y, en ocasiones, agresiva con la propia corporalidad. Paradójicamente, nunca se ha hablado tanto del cuerpo, pero apenas se conocen nociones básicas de ergonomía. Nunca se ha mostrado tanto el cuerpo, pero se ignora la dimensión simbólica que impregna cada parte de nuestra carne. Nunca se ha estado tan volcado en lo superficial, ignorando que, como dijo Paul Valéry, «lo más profundo del ser humano es la piel».

MENOS HERMENÉUTICA Y MÁS ERÓTICA

Tras varios siglos de objetualización del cuerpo, en el XX se produce una vuelta decisiva a pensar el cuerpo. Las experiencias límite de la guerra y la tecnificación de la vida obligaron a repensar la vulnerabilidad y la dignidad de la corporalidad. La filosofía tomó conciencia de que no se puede entender la existencia de forma descarnada. Uno de los primeros filósofos en reivindicar el cuerpo como núcleo de la experiencia humana fue Maurice Merleau-Ponty. Influido por Husserl y Heidegger, en su obra *Fenomenología de la percepción* plantea que el cuerpo es el canal a través del cual se nos da el mundo y lo habitamos. El cuerpo es nuestro punto de anclaje en el mundo: somos en nuestra relación con las cosas y los otros. La percepción es siempre encarnada, y toda experiencia, incluida la estética, está atravesada por esta dimensión corporal que nos sitúa y nos vincula al mundo.

Más recientemente, Richard Shusterman ha desarrollado una interesante teoría, *denominada somaestética*, en la que defiende que el cuerpo no es el soporte pasivo de la percepción, sino el centro activo de nuestra experiencia estética cotidiana. Frente a la tradición que ha privilegiado la contemplación óptica de las formas, este autor propone una estética en la que también el gusto, el olfato, el tacto, el oído y la propiocepción se reconocen como vías legítimas y necesarias de experiencia estética. Nuestra percepción y comprensión de una pintura, una escultura o una instalación puede cambiar mucho dependiendo de si la vemos en la red o en la realidad. La presencialidad otorga unos datos sensoriales (dimensiones, profundidad, olor) que resultan esenciales para comprender bien la pieza. Una buena explicación no puede sustituir una experiencia directa.

También Yuriko Saito defiende la recuperación de todos los elementos de la sensibilidad humana, retomando las intuiciones originarias de la disciplina estética y reconociendo la amplitud de su horizonte. Desde esta perspectiva multisensorial, el cuerpo es tanto el medio como el agente que configura el entorno y lo experimenta física, sensorial y afectivamente. No se trata de acumular estímulos placenteros, sino de integrar y atender a todo lo que nuestro cuerpo nos dice en cada situación cotidiana. Cada experiencia sensorial, el olor del champú cuando nos lavamos, lo frío que está el suelo al salir de la ducha o el tacto de la toalla al secarnos, no es un fragmento de información aislada, sino parte de cómo construimos nuestro modo de habitar el mundo.

La reivindicación de atender a todos los sentidos permite reivindicar toda la corporalidad. También Susan Sontag tenía razón cuando reclamaba menos hermenéutica intelectual y más «erótica del arte», más contacto directo, sensorial y carnal con las obras, con los objetos que nos rodean y con la vida. Esta llamada a una relación más viva y menos abstracta refuerza, desde otro ángulo, la propuesta de Saito: abrirnos al mundo no a través de códigos cerrados y sobreinterpretados, sino mediante una atención encarnada y multisensorial. Y, con ello, podemos dar un paso más y reafirmar que la estética atraviesa todas las dimensiones de la persona: sensibilidad, afectividad, racionalidad y relacionalidad.

LA ATENCIÓN AL MUNDO

El hecho de ser conscientes de nuestra dimensión corporal y sensorial no quiere decir que sea fácil percibir lo que tenemos delante. En un mundo en el que tantas plataformas y dispositivos luchan por nuestra atención, somos los primeros interesados en saber dónde están nuestros sentidos. La experiencia estética requiere una disposición consciente de apertura y atención, tanto hacia el entorno como hacia uno mismo. Prestar atención al cuerpo significa reconocer los signos, los ritmos y las variaciones que nos habitan: las sensaciones sutiles, los ciclos, el placer, el cansancio, incluso el dolor, reconociendo la riqueza de vivencias que emergen en el contacto con lo cotidiano.

Una de las autoras que más ha desarrollado el papel de la atención ha sido Simone Weil. Para la filósofa francesa, esta capacidad no es una simple técnica intelectual, sino una actitud de presencia activa y receptiva que implica un doble movimiento: concentrarse plenamente en el objeto o persona a la que se está atendiendo y, al mismo tiempo, retirarse para dejar que la verdad de lo externo penetre en uno mismo. Saito apunta a la misma idea cuando habla de desarrollar una plenitud de conciencia para atender a la realidad por completo.

La verdadera atención libera al pensamiento de las ataduras en las que muchas veces está atrapada la mente, haciendo al individuo poroso frente a la realidad. Este enfoque evita el esfuerzo intelectual que busca controlar o dominar lo exterior, proponiendo en su lugar una especie de desapego consciente que permite atender, comprender, acoger lo real sin poseerlo y sin querer modificarlo. En este sentido, quizá más que habitar la belleza, como si fuera algo que solo dependiera de nosotros, sería mejor hacer hueco interior, asombrarnos ante lo pequeño y silencioso e intentar que la belleza habite en nosotros.

Pero, ¿qué tipo de relación me permite abrirme, de verdad, y acoger a lo otro, incluso cuando es doloroso? La autora francesa considera que mientras el juicio y la imaginación encierran a las personas en sus propios intereses, solo el amor impulsa a salir de uno mismo para dejar espacio o comprender al otro. Todo depende, en última instancia, de un cambio en la actitud, en la mirada y en la disposición: no es el objeto (o la persona) lo que cambia, sino su significado para nosotros y nuestra capacidad de acogerlo con gratitud, como el don del que se trata.

A este respecto, merece la pena recordar la definición de *belleza* que podía encontrarse en el diccionario de la Real Academia Española hasta 2001: «Propiedad de las cosas que hace amarlas, infundiendo en nosotros deleite espiritual». Aunque esta definición ha desaparecido, sintetiza bien el movimiento estético. Por un lado, la belleza es una propiedad que se da materializada, nunca en abstracto. Por otro, no trata únicamente de formas armoniosas o apariencias agradables, sino de atracción. La belleza es una llamada que nos interpela, nos saca de nosotros mismos hacia la realidad y, al mismo tiempo, se introduce en nosotros, provocándonos un gozo. Este camino no concluye en un deleite placentero de nuestra sensibilidad, ni en una mera contemplación intelectual. Aquello que se ha experimentado como amable o digno de amor reclama ser acogido, cuidado, quizá incluso imitado. La belleza verdadera no nos deja intactos: pide un compromiso.

Por tanto, en una cultura dominada por imágenes idealizadas y cuerpos moldeados a medida, pensar la estética de forma encarnada se convierte en un acto de resistencia. Hoy en día, cuando la tendencia a publicar *selfies* en el baño diluye las fronteras entre lo privado y lo público (y convierte la intimidad en un recurso de rédito económico), resulta importante aceptar la vulnerabilidad y la grandeza que lleva consigo nuestra corporalidad.

Frente a la concepción de la belleza como una fuente de placeres inmediatos, la estética de lo cotidiano abre otro horizonte que invita a vivir con atención plena, con toda la corporalidad, a experimentar la realidad con todo lo que somos, relacionándonos con el mundo a través del amor y el cuidado. Para desarrollar este asunto, todavía nos queda entrar en la última habitación.

6

El dormitorio: una estética del cuidado

Nos hemos paseado por toda la casa. Se nos han abierto las puertas de todas las estancias, lo cual nos ha permitido conocer mejor los elementos principales de la estética de lo cotidiano y adquirir una mayor sensibilidad hacia la realidad que nos circunda. Sin embargo, nos queda una habitación en la que entrar: el dormitorio. Como su nombre indica, es el espacio para dormir y descansar. Heidegger señaló que el ser humano es el único ser al que le va la vida en comprender y cuidar su propia existencia. Dando un paso más, Higinio Marín afirma que, gracias a que antaño alguien veló nuestro sueño, pudimos recuperar las fuerzas perdidas y, por tanto, desarrollarnos como especie y como civilización. Una civilización desarrollada es la que vela por los otros, especialmente por los que no pueden hacerlo por sí mismos.

Sin embargo, ¿quién no ha entrado en su dormitorio agotado y ha retrasado la hora de ir a dormir distrayéndose con la televisión o las redes sociales? Reed Hastings, cofundador y director ejecutivo de Netflix, afirmó en una entrevista en 2017 que su principal competidor hoy en día no son otras plataformas, sino nuestro descanso. El culto a la hiperproductividad, alimentado por el capitalismo contemporáneo y las dinámicas digitales, han convertido el descanso en derrota y el ocio en un lujo que cada vez se paga más caro.

En este contexto, el cuidado se convierte en un acto casi subversivo, un gesto que desafía la lógica de la pura productividad y reivindica el valor de lo lento, de lo atento, de lo que no genera beneficios inmediatos. El pensamiento contemporáneo ha visto surgir voces poderosas, especialmente desde la ética feminista, que han puesto el cuidado en el centro de las relaciones sociales y de la justicia. Autoras como Carol Gilligan, Eva Kittay, Joan Tronto o Luigina Mortari han mostrado que el cuidado, lejos de ser un asunto privado o un deber relegado a las mujeres, constituye el tejido invisible que sostiene la vida en común y que debería orientar nuestras instituciones y políticas. En el ámbito español, Victoria Camps ha insistido en esta dimensión colectiva: en *Tiempo de cuidados* reclama un modelo de bienestar que lo sitúe en el centro de nuestras políticas públicas y supere la dicotomía entre producción y reproducción, entre trabajo remunerado y trabajo invisible.

Aunque todas estas autoras (y es importante preguntarse por qué son todas mujeres) han supuesto un verdadero cambio a la hora de entender el cuidado, en el ámbito estético ha vuelto a ser Yuriko Saito quien ha hecho la aportación crucial. En su obra más reciente, *Estética del cuidado* (2026), profundiza en la forma estética que lleva asociado el cuidado. Se trata de una evolución natural de su pensamiento, ya que es normal que, quien se ha acostumbrado a analizar cómo la estética influye en nuestra interactuación con la realidad, acabe preocupándose por pensar la *forma* de la acción. Como se ha dicho, toda acción es estética, pero ¿hay algunas formas más adecuadas que otras?

UNA ESTÉTICA COMPROMETIDA

El cuidado supone la dimensión estética de la práctica ética. Es decir, el cuidado muestra el fundamento ético de la estética, a la vez que, en una especie de reciprocidad, también constituye la ética estéticamente. Así, ambas dimensiones se despliegan en la existencia ordinaria para acabar siendo, como dijo Wittgenstein, una misma cosa, aunque vista desde diferentes ángulos.

La estética del cuidado ofrece una oportunidad doble: por un lado, ensancha el campo de lo estético para incluir acciones, relaciones y ritmos normalmente excluidos de este ámbito filosófico; por otro, nos permite pensar el cuidado no como una obligación moral (esto sería un estudio exclusivamente ético), sino como una forma de presencia en el mundo. Cuidar un espacio, un objeto, una relación, no es solo preservarla, sino posibilitar su acontecer. De forma paralela, el cuidado como valor ético recurre a métodos estéticos para su expresión, lo cual abarca tanto las manifestaciones físicas del cuerpo como las actitudes que comunicamos a quienes nos rodean.

El cuidado, en su dimensión estética, también conlleva una visión relacional del mundo: cuidar el entorno no es solo preservar su funcionalidad, sino reconocer el entramado de relaciones que lo sostienen. En este sentido, Saito pone de manifiesto que el cuidado cotidiano es una forma de resistencia frente a la cultura mencantilizada y utilitarista. Dentro de este marco, el cuidado también ofrece una clave para comprender relaciones que no se ajustan a la lógica de las transacciones económicas. El cuidado puede operar más allá de lo recíproco, dentro de un marco de gratuidad, incondicional.

«El cuidado transforma radicalmente las relaciones. Establece una forma de interacción que supera el marco utilitarista que rige la mayoría de nuestros intercambios cotidianos y opera en cambio dentro de la lógica del don»

Por eso, cuando hablamos del cuidado personal no puede exigirse como obligación: solo puede ofrecerse como posibilidad. Michael Sandel argumenta que la mercantilización de ciertos bienes y servicios distorsiona su significado, y que el cuidado es uno de los ámbitos donde esta distorsión se hace más evidente. Quizá por eso el cuidado transforma radicalmente las relaciones. Establece una forma de interacción que supera el marco utilitarista que rige la mayoría de nuestros intercambios cotidianos y opera, en cambio, dentro de la lógica del don. Como sugiere Guidara con su concepto de «economía de la hospitalidad», ir más allá de las expectativas y ofrecer más de lo que contractual o formalmente se exige genera vínculos humanos profundos (así puede verse en el personaje de Babette del cuento de Dinesen). De forma análoga, quien recibe cuidado reconoce su carácter incondicional, lo que puede despertar no solo gratitud, sino incluso el deseo de extender ese mismo cuidado a otros. Esta dinámica crea un ciclo de reciprocidad indirecta o en cadena, no en sentido transaccional, sino como una expansión del cuidado dentro de la sociedad.

LA INVISIBILIDAD DEL CUIDADO

A menudo se identifica el cuidado con momentos excepcionales: una enfermedad, un aniversario, etc. No obstante, después de haber visto a lo largo de estos capítulos el papel que tienen los espacios o los objetos, creo que también tiene sentido que empecemos por fijarnos en el trato que puede brindarse a través de ellos.

En primer lugar, el cuidar a través de lo material pasa por comprender que, al cuidar de los objetos o espacios que están vinculados a una persona, también la cuidamos a ella. Si cuidamos los objetos, los objetos nos cuidarán en el futuro, cuando los volvamos a necesitar. Son muchas las tareas de cuidado y mantenimiento que se pueden aludir a este respecto, como conservar, restaurar, reparar, limpiar, zurcir, reponer o archivar. Aunque todas ellas son importantes, pocas han merecido una consideración estética.

Como se ha dicho, se han priorizado las acciones realizadas por artistas dirigidas al gran público. Este privilegio ha tenido como consecuencia un desprestigio de las actividades ordinarias relacionadas con el cuidado. Se considera, por ello, erróneamente, que, para ejercerlas, no hace falta creatividad u originalidad. A ello hay que sumarle que se trata de acciones que no concluyen con un producto acabado (sino que hay que volverlas a hacer) y poseen elementos negativos, no agradables, que aumentan su descrédito, a pesar de que las realicemos cotidianamente, como explica Saito:

> Las tareas del hogar como lavar, limpiar, cocinar y remendar se realizan en respuesta al desorden, la suciedad, las manchas, el mal olor, el desgaste, los desgarros y los daños, todos los cuales se consideran estéticamente negativos. El objetivo de las tareas es restaurar los objetos y entornos al estado previo a la suciedad y al daño. Como tales, están específicamente dirigidos a un objetivo y se supone que no hay lugar para un compromiso imaginativo o creativo con el objeto en cuestión.

A estas consideraciones habría que añadir que también faltan palabras, conceptos, categorías estéticas para referirnos a este tipo de actividades y, por tanto, para apreciarlas de forma adecuada, ya que no se trata solo de deleitarnos con el resultado placentero que provocan a nuestros sentidos. Sin embargo, aunque la acción parezca pequeña, también se requiere una fina sensibilidad estética para determinar el grado apropiado de limpieza y orden que exige cada objeto o espacio: saber qué productos y tipos de tela usar para limpiar la plata, la madera, la cerámica o el teflón requiere, cuanto menos, cierto conocimiento y mucha atención.

Esta falta de categorías estéticas es sin duda provocada por el hecho de tratarse de actividades que suelen pasar desapercibidas, cuando no son directamente invisibles o invisibilizadas. La falta de referencias a estas tareas en la estética está condicionada por factores sociales, culturales y simbólicos. En muchos casos, estas actividades han sido tradicionalmente realizadas por mujeres, trabajadores domésticos o personas en posiciones subalternas, lo que ha contribuido a su escasa valoración estética y social, tal como señala Saito: «La limpieza sigue siendo una actividad invisible que se realiza entre bastidores o fuera de horario». Este silenciamiento no solo reduce su crédito social y el salario que merecen, sino que empobrece nuestra comprensión del cuidado como experiencia estética.

En los últimos años, algunas obras culturales han contribuido a revertir esta ceguera. La película *Perfect Days* (2023), del director Wim Wenders, sorprendió por su modo de mostrar la profunda dignidad que encierra la rutina diaria de un limpiador de baños públicos en Tokio. A través de una mirada lenta, respetuosa y cargada de sensibilidad, la película no solo rehabilita el valor del trabajo invisible, sino que invita al espectador a redescubrir la belleza en gestos aparentemente insignificantes, pero que constituyen el sentido del vivir del personaje, así como lo que puede significar darse a los demás a través del trabajo profesional.

ENCARNAR SIGNIFICADOS

Nuestras acciones diarias, por ordinarias que parezcan, son portadoras de sentido. La estética cotidiana del cuidado radica precisamente en esa capacidad para encarnar significados en la repetición de lo mínimo. La *encarnación del significado*, por utilizar la terminología de Danto al hablar del arte, se da tanto en la transformación de la materia como en su cuidado y preservación. De palabra, podemos decirle a alguien que le queremos, pero también lo hacemos cuando le dejamos el sitio que le gusta en el sofá o le despertamos con cariño cuando se ha quedado dormido. No todas las formas de cuidado encarnan afecto explícito. Algunas expresan respeto, otras responsabilidad o compromiso; pero en todas ellas hay un modo de hacer que otorga sentido a lo que podría parecer insignificante.

También es verdad que cabe la posibilidad de que el mensaje no llegue. Esta es una fuente segura de frustración para aquel que trató de encarnar el significado. Pero, como ocurre también con las obras de arte, no siempre la manera de encarnar el significado a través de nuestras acciones de cuidado es adecuada. La disposición interior, —la intención—, configura la acción, pero no basta. Es importante en este punto atender a diversos elementos que harán que la acción esté cargada de significado. No hay un elenco de elementos determinados, pero creo que en este punto el Diseño de Servicios puede aportar mucho. Cuando se diseña un servicio se tiene muy en cuenta, aunque sea de forma hipotética, a quién se está dirigiendo; cómo es, se siente, piensa, qué necesidades, miedos o sueños tiene el usuario. Además, atiende al contexto en el que se inserta, la interacción que va a tener con otros usuarios o las consecuencias reales que la implantación del servicio puede tener tanto en las personas como en los contextos reales. No siempre será posible llevar a cabo un examen exhaustivo de estos elementos, pero sí ayuda considerarlos para saber cómo encarnar mejor nuestras acciones de cuidado.

Por otro lado, también puede ocurrir que el receptor no esté en condiciones de comprenderla. Podemos pensar en el ñiño pequeño, la persona cansada o enferma. En ocasiones somos nosotros mismos ese receptor acelerado que no percibe o que, por quedarse en la pura materialidad del acto (si estaba bueno o no, si se acertó con el color o la talla) no sabe ver lo que le costó a la otra persona realizar esa acción.

En este sentido, para interpretar los mensajes que nos llegan a través de lo material es necesario desarrollar una sensibilidad estética que nos enseñe a leer lo que el otro nos está diciendo a través de la configuración de lo más material. Al contrario que en *El principito,* aquí precisamente se trata de ver lo invisible en lo visible. El cómo percibimos los mensajes encerrados en la realidad material, su belleza, manifiesta aquello que somos. Si uno solo es capaz de encontrar belleza en lo grandioso y extraordinario, es porque todavía no ha desarrollado una mirada atenta que sabe ver belleza en lo que le rodea, por muy pequeño que sea. Parafraseando el refrán español podríamos decir: dime qué tipo de belleza amas y te diré quién eres.

LOS GESTOS Y DETALLES

Por último, una vez visto cómo el cuidado se desarrolla a través de lo material, también podemos fijarnos en cómo realizamos el cuidado de forma directa. Aquí hay que recordar lo dicho anteriormente sobre el cuerpo, la atención y el amor. Una acción puede ser técnicamente eficaz, pero poco cuidadosa si se realiza con brusquedad, desinterés o automatismo. En la forma, y no solo en la finalidad, se manifiesta la cualidad estética del cuidado. La delicadeza, en cambio, implica una atención encarnada, una presencia que se expresa en el gesto, el ritmo, el tono. Como ha señalado la experta en estética de lo cotidiano María Jesús Godoy, el cuidado se reconoce no solo por su intención, sino por su expresión sensible; por ello «el cuidado, o es delicado, suave, tierno y, por tanto, estético, o no es cuidado».

Estos gestos cobran su verdadero sentido en el marco de la interacción con otras personas, especialmente con aquellas con las que compartimos la vida. Su valor no está en la eficiencia, sino en la cualidad relacional que instauran. Atender a la forma en la que realizamos nuestras acciones o gestos es un modo de decir «eres valioso», «me importas», «estoy contigo». Desarrollar esta sensibilidad estética es, por tanto, una forma de cultivar la gratitud por toda una realidad que se nos regala continuamente, de aprender a leer los vínculos en los pequeños gestos, de entrenar la mirada para ver lo que a menudo pasa desapercibido.

Finalmente, esta tendencia hacia el cuidado se extiende también a toda la esfera pública, volviendo a reclamar la dimensión política de la estética. Al limpiar una playa, recoger basura de la calle, regar un jardín comunitario... no solo estamos cuidando un entorno físico: estamos reconociendo la vida de otros, visibles o invisibles, que también lo habitan. Estamos amando al mundo. Con estos actos estéticos es como realmente se embellece el mundo y, por tanto, como verdaderamente se lleva a cabo una mejora ética.

HOGARIZAR EL MUNDO

Tras un largo paseo por la casa de la estética de lo cotidiano hemos recorrido ámbitos familiares para salir transformados y con una disposición más cuidadosa ante la realidad. Así, regresamos al umbral desde el que partimos. No para repetir el camino, sino para comprenderlo desde otro lugar. Porque esta casa no se recorre en línea recta, sino en trayectos tan recurrentes como los paseos por nuestra propia casa: cuanto más la recorres, más capaz eres de ver las conexiones y la interrelación de unos elementos con otros.

Ahora ya somos más conscientes de cómo la estética atraviesa silenciosamente nuestra vida. Pero este recorrido no solo es una invitación a mirar con más atención lo que ya está, sino a tomar conciencia de que todos configuramos el mundo y está en nuestra mano hacerlo con cuidado.

Estamos en la puerta de nuevo, porque lo más importante no es por dónde uno entra a la estética de lo cotidiano, sino que una vez se ha entrado y se ha captado su poder, ya la lleva incorporada a donde vaya. Habitar estéticamente el mundo no es solo añadir belleza, sino desvelarla donde ya estaba. Es un modo de estar, pero, sobre todo, de ser y de vivir.

BIBLIOGRAFÍA

BACHELARD, G., *La poética del espacio.* México, Fondo de Cultura Económica, 2000.

BODEI, R., *La vida de los objetos,* Madrid, Amorrortu, 2013.

BÖHME, G., *Atmospheric Architectures. The Aesthetics of Felt Spaces,* London, Bloomsbury, 2017.

CAMPS, V., *Tiempo de cuidados,* Barcelona: Arpa, 2021.

CASCALES, R., & GODOY-DOMÍNGUEZ, M. J. «El poder transformador de la estética de lo cotidiano». *Anuario Filosófico,* 2025, 58(1), 9-18. https://doi.org/10.15581/009.58.1.008

COCCIA, E., *Filosofía de la casa. El espacio doméstico y la felicidad,* Barcelona, Siruela, 2021.

DANTO, A. C., *La transfiguración del lugar común. Una filosofía del arte*, Barcelona, Paidós, 2002.

DE CERTEAU, M., *La invención de lo cotidiano. I. Artes de hacer*, México, Universidad Iberoamericana, 2000.

DEWEY, J., *El arte como experiencia*, Barcelona, Paidós, 2008.

DORFLES, G., *Itinerario estetico*, Pordenone, Edizioni Studio Tesi, 1987.

DI STEFANO, E., *Che cos'è l'estetica quotidiana*, Roma, Carocci, 2017.

FLUSSER, V., *Filosofía del diseño: La forma de las cosas*, Madrid, Síntesis, 2002.

GODOY DOMÍNGUEZ, M. J., *Yuriko Saito (1953). Yuriko Saito y lo cotidiano estético*. En Infante, F.; Godoy, M. J. (eds.), *Estéticas perdidas: un encuentro con las sensibilidades olvidadas*, Valencia, Universidad de Valencia, 2024, pp. 509-529.

GUIDARA, W., *Hospitalidad irracional. El poder de dar más de lo que se espera de ti*, Barcelona, Península, 2025.

HAAPALA, A., «On the Aesthetics of the Everyday: Familiarity, Strangeness, and the Meaning of Place». En *The Aesthetics of Everyday Life*, Andrew Light y Jonathan M. Smith (eds.), New York, Columbia University Press, 2005, pp. 39-55.

HAN, B., *La salvación de lo bello*, Barcelona, Herder, 2015.

INFANTE DEL ROSAL, F., *La autonomía del diseño. Diseño como categoría estética*, Valencia, Universidad de Valencia, 2018.

LEDDY, T., «Everyday Surface Aesthetic Qualities: 'Neat,' 'Messy,' 'Clean,' 'Dirty'», *The Journal of Aesthetics and Art Criticism*, 53/3 (1995).

— *The Extraordinary in the Ordinary: The Aesthetics of Everyday Life*, Ontario, Broadview Press, 2012.

LIPOVETSKY, G. Y SERROY, J., *La estetización del mundo. Vivir en la época del capitalismo artístico*, Barcelona, Anagrama, 2019.

MANDOKI, K., *Prosaica. Introducción a la estética de lo cotidiano, lo oscuro y lo banal*, México, Grijalbo, 1994.

MCLUHAN, M., *Comprender los medios de comunicación. Las extensiones del ser humano*, Barcelona, Paidós, 1996.

MARÍN, H., *Mundus. Una arqueología filosófica de la existencia*, Granada, Nuevo Inicio, 2019.

MERLEAU-PONTY, M., *Fenomenología de la percepción*, Barcelona, Planeta, 1993.

MILÁ, M., *Lo esencial. El diseño y otras cosas de la vida*, Barcelona, Lumen, 2023.

MORRIS, W., *The Beauty of Life: William Morris and the Art of Design*, Thames & Hudson, 2003.

MORTARI, L., *Cuidarse. Una etica de la delicadeza*, Madrid, Encuentro, 2021.

NORMAN, D. A., *El diseño emocional: Por qué nos gustan (o no) los objetos cotidianos*, Barcelona, Paidós, 2005.

PEREC, G., *La vida. Instrucciones de uso*, Barcelona, Anagrama, 2006.

— *Las cosas. Una historia de los años sesenta*, Barcelona, Anagrama, 1992.

RANCIÈRE, J., *El reparto de lo sensible: Estética y política*, Buenos Aires, Prometeo, 2014.

RIEZU, MARTA D., *Agua y jabón: Apuntes sobre elegancia involuntaria*, Barcelona, Anagrama, 2022.

SAITO, Y., *The Aesthetic Appreciation of Nature: Western and Japanese Perspectives and Their Ethical Implications*, PhD. Universidad de Wisconsin-Madison, 1983.

— *Everyday Aesthetics*, Oxford, Oxford University Press, 2007.

— *Aesthetics of the Familiar: Everyday Life and World-Making*, Oxford, Oxford University Press, 2017.

— *Estética del cuidado. La práctica de la vida cotidiana*, Barcelona, Herder, 2026.

— «Cleaning: Practicing Everyday Aesthetics and Care», *Anuario Filosófico*, 58/1 (2025). https://doi.org/10.15581/009.58.1.007

SÁNCHEZ SANTIAGO, T., *La belleza de lo pequeño*, León, Eolas, 2022.

SANDEL, M. J., *Lo que el dinero no puede comprar. Los límites morales del mercado*, Madrid, Debate, 2012.

SHUSTERMAN, R., *Thinking through the Body: Essays in Somaesthetics*, Cambridge, Cambridge University Press, 2012.

— *Pragmatist Aesthetics: Living Beauty, Rethinking Art*, Lanham, MD: Rowman & Littlefield, 2000.

SONTAG, S., *Contra la interpretación*, Barcelona, Debolsillo, 2005.

SUDJIC, D., *El lenguaje de las cosas: Entender el mundo de los objetos*, Madrid, Turner, 2009.

TÀPIES, A., «El juego de saber mirar», *La práctica del arte*, Barcelona, Ariel, 1971, pp. 85-88.

UKELES, MIERLE L., «Manifesto for Maintenance Art 1969! Proposal for an Exhibition 'CARE'», Nueva York, 1969.

WEIL, S., *Sobre la belleza*, Barcelona, Plataforma Editorial, 2024.

YANAGI, S., *The Beauty of Everyday Things*, Nueva York, Penguin Modern Classics, 2019.

Este libro se terminó de imprimir cuando florecía la primavera del 2026